LYDIA HAUENSCHILD

FINDEST DU DIE SPUR?

DER GROßE BRAND

Illustriert von Joachim Krause

Bisher in der Reihe *Findest du die Spur?* erschienen:
Die gestohlene Jacht
Der große Brand

FSC
www.fsc.org
MIX
Papier aus verantwortungsvollen Quellen
FSC® C110508

978-3-7432-1340-1
Überarbeitete Neuausgabe des Titels *Die Piranha-Piraten jagen den Brandstifter*
1. Auflage 2022
© 2010, 2022 Loewe Verlag GmbH, Bühlstraße 4, D-95463 Bindlach
Umschlag- und Innenillustrationen: Joachim Krause,
Fußspuren © svstudioart – de.freepik.com
Kolorierung der Illustrationen: Aurélie Frémineur
Bilderrahmen (S. 4 – 5) designed by freepik.com
Umschlaggestaltung: Johanna Mühlbauer
Printed in Germany

www.loewe-verlag.de

INHALT

DER VERSCHWUNDENE DRACHENKOPF	6
EIN HEIẞER FALL	32
DER ENTFÜHRTE KÖNIGSPYTHON	60
DIE GEFÄLSCHTE CHRONIK	84
ERPRESSUNG AUF DEM SCHULHOF	106

Die **Meeresperle** ist ein alter Kutter und Treffpunkt der Piranha-Piraten. Von hier schwärmen die drei Detektive wie gefährliche Piranhas aus, um mit Biss Verbrecher zu jagen. Wagemutig wie Piraten sind sie der Schrecken aller Ganoven!

DIE PIRANHA-PIRATEN

Lena hat Augen scharf wie ein Adler und einen großen Sinn für Gerechtigkeit. Oft gehen ihr die Ermittlungen nicht schnell genug voran. Schumacher, ihre Rennmaus, ist blitzschnell und liebt Kekskrümel.

LENA

LEON

Lenas Zwillingsbruder **Leon** recherchiert am liebsten im Internet. Er ist nicht leicht aus der Ruhe zu bringen und hat immer einen witzigen Spruch auf Lager.

TILL

Till kommt Verbrechern durch kluges Kombinieren auf die Schliche. Und er kennt viele Tricks aus Krimis!

Henning ist Polizist, steht den Piranha-Piraten mit Rat und Tat zur Seite und übernimmt, wenn es brenzlig wird.

HENNING

KNUT

Dem alten Seebären **Knut Jensen** gehört die *Meeresperle*. Er ist Hennings Onkel – und ein großer Fan der Piranha-Piraten!

DER VERSCHWUNDENE DRACHENKOPF

1. EIN STURZ

„Sind die lecker!", nuschelte Leon und stopfte sich noch eine Handvoll Brombeeren in den Mund. „Super, dass außer uns niemand hier rübersurft, um die Dinger zu futtern."

„Stimmt." Till kämpfte sich tiefer ins Gestrüpp hinein. „Wenn nur die blöden Dornen nicht wären."

„Ihr kriegt echt nie genug." Lena lag gemütlich im Sand der Harlingsinsel. „Ich bin längst satt. Und Schumacher wird zu dick, wenn er noch mehr frisst."

Die Rennmaus saß auf Lenas Bauch und hielt zwischen den Vorderpfötchen geschickt eine Brombeere. Stückchen für Stückchen raspelte sie mit den Schneidezähnen davon ab, kaute jeden Bissen gründlich und schluckte genüsslich.

„Aua! Autsch!", hörte man Leon plötzlich laut aus dem Gestrüpp herausrufen. Dann knackten Zweige – und Schumacher flitzte vor Schreck in Lenas Bauchtasche.

„Musst du so schreien, Leon?", schnaubte Lena ärgerlich.

„Ich bin über irgendwas gestolpert", jammerte Leon, „und voll in die Dornen geknallt. Autsch. Ähm ... Moment mal. Was ist denn das?" Er rappelte sich wieder auf und lief aufgeregt zu den anderen. „Ich muss euch was zeigen!"

Was fiel Leon auf?

2. EINEN TAG SPÄTER ...

Am nächsten Tag zeigte Leon stolz auf das kurze Holzstück, das vor ihm aus dem Sand ragte.

„Sehen Sie das geschnitzte Muster darauf, Herr Jensen?", fragte er. „Ich hab mir gleich gedacht, dass das uralt sein muss. Deshalb haben wir es fotografiert und Herrn Mayer gezeigt. Er ist unser Nachbar und arbeitet am Archäologischen Institut."

Sie sahen zu, wie der Archäologe das Muster mit einem Pinsel vom Sand befreite. „Hm", brummte Herr Mayer. „Das Stück könnte von einem Wikingerschiff stammen."

„Beim Klabautermann!", staunte der alte Jensen. „Ein Wikingerwrack, direktemang vor unserer Nase? Vielleicht stecken da sogar noch 'n paar Schatzkisten im Sand ..."

„Das wäre eine echte Sensation." Herr Mayer nickte – und seufzte. „Genau deshalb mache ich mir aber auch Sorgen."

„Wieso denn?" Till runzelte die Stirn. „Sie haben sich gestern doch so gefreut, als wir Ihnen von dem Fund erzählt haben."

„Das schon", antwortete der Archäologe. „Aber jetzt bräuchte unser Institut Geld, um das Schiff sorgfältig bergen zu können. Und so etwas kostet eine ganze Menge. Hoffentlich bekommen wir den Betrag von den entsprechenden Ämtern schnell genehmigt." Seine Assistentin, die das Gestrüpp absuchte, richtete sich auf.

„Und bis dahin darf niemand von dem Fund erfahren", sagte sie. „Sonst wird das Wrack schneller geplündert, als wir gucken können."

„Wir werden aber schon beobachtet", murmelte Lena.

Wen hatte Lena entdeckt?

3. EIN ZWEITER FUND

Lena deutete mit dem Kinn auf das Meer hinaus. „Von einem der Segelboote schaut jemand mit 'nem Fernglas zu uns rüber."

Das Segelboot nahm Fahrt auf und entfernte sich schnell.

„Ich hab was gefunden!", rief in diesem Augenblick die aufgeregte Stimme der Archäologin aus dem Brombeergestrüpp.

Sofort eilten sie alle zu der jungen Frau, die im Sand kniete und mit den Händen etwas freilegte. „Das könnte ein geschnitzter Drachenkopf sein! Der erste!"

„Hä?", machte Leon verständnislos. „Wieso der erste?"

„Weil wir die Drachenköpfe der Wikingerschiffe bisher nur von Abbildungen und aus Chroniken kennen!" Auch Herr Mayer war nun ganz aufgeregt. „Gefunden wurde noch nie einer!"

Die Archäologin richtete sich auf. „Ich mache jetzt Fotos. Und dann decken wir am besten wieder Ranken über den Fund." Bald darauf halfen die Piranha-Piraten den Archäologen, die Stelle wieder so aussehen zu lassen, als wäre dort nie etwas anderes gewesen als Brombeergestrüpp.

„Das war's erst mal", meinte Herr Mayer schließlich. „In den nächsten Tagen untersuchen wir im Labor die Holzprobe, die wir genommen haben. Damit können wir bestimmen, wie alt das Wrack ist." Sie gingen zu dem Boot zurück, mit dem Knut Jensen alle zur Insel geschippert hatte.

„Wir werden schon wieder beobachtet", raunte Till, als er einstieg.

Wo steckte der Beobachter?

4. STURM ZIEHT AUF

Drüben am Strand hatte Till zwei helle Lichtreflexe aufblitzen sehen.

„Das ist ein Fernglas", bestätigte Leon. „Die Gläser spiegeln die Sonnenstrahlen wider ..."

„Vielleicht ist das der Mann, der uns so neugierig nachgesehen hat, als wir vorhin im Hafen abgelegt haben", vermutete Lena und seufzte. „Am liebsten würde ich Tag und Nacht Wache schieben, um die Fundstelle zu schützen."

„Da wären eure Eltern nich' mit einverstanden", meinte Knut Jensen. Er stand am Steuer und rieb sich ächzend die Hände. „Heute Nacht kann aber schon mal keiner zum Wrack schippern. Da zieht 'n Unwetter auf. Das spür ich in allen Knochen."

„Bestimmt ist das Wikingerschiff mal in so einer Sturmnacht auf der Insel zerschellt", begann Leon laut zu träumen ...

Knut Jensens Knochen hatten sich nicht geirrt: In der Nacht tobte ein heftiger Sturm. Und auch am nächsten Morgen rüttelte noch ein rauer Wind an der *Meeresperle*, dass die alten Balken knarrten. Regenschauer peitschten über den Strand und hüllten die Harlingsinsel in graue Schleier. Da war selbst mit dem Fernglas für die Piranha-Piraten nichts zu erkennen.

Erst zwei Tage später hatte sich die See wieder so beruhigt, dass die Detektive zur Insel surfen konnten. Und nun sahen sie es schon von Weitem – jemand war an der Fundstelle gewesen!

Was hatte sich auf der Insel verändert?

5. VERRÄTERISCHE AUFSCHRIFT

„Da hat jemand einen Weg ins Gestrüpp geschlagen!", rief Lena erschrocken.

„Der Typ mit dem Segelboot kann es nicht gewesen sein", rief Leon über die Wellen zurück. „Bei dem Sturm war garantiert kein Segler draußen."

In voller Fahrt glitten die Piranha-Piraten mit ihren Surfbrettern über das Wasser. Doch es kam ihnen wie eine Ewigkeit vor, bis sie die Insel erreichten.

„Mit einem Motorboot konnte man aber raus." Till sprang rasch in den Sand. „Vielleicht wollte der Mann vom Hafen ja unbedingt wissen, warum hier so viele Leute rumgestanden haben."

„Genau", stimmte Leon zu und zog sein Brett an Land. „Ich glaube, der Kerl hat uns vom Strand aus beobachtet, weil er die Aufschrift auf dem Archäologen-Koffer gelesen hat. Deshalb hat er hier nach etwas Wertvollem gesucht."

Die Piranha-Piraten rannten zu der Schneise.

„Und er hat auch was gefunden", rief Lena im nächsten Moment aufgebracht. „Seht euch diese Schweinerei an! Jetzt kapier ich, warum die Archäologen so große Angst vor Raubgräbern haben." Vor Wut stampfte sie mit dem Fuß auf. „Wie kann man nur so etwas tun?"

Was war Lena aufgefallen?

6. TIEF IM MEERESSAND

„Der Typ hat den Drachenkopf ausgegraben!", stellte auch Till entsetzt fest.

„Ei...einfach abgesägt", stotterte Leon. „Unser schönes Wrack!" Fassungslos starrten die Piranha-Piraten auf die Stellen, an denen versucht worden war, zum Wrack hinunterzugraben.

„Meint ihr, dass außer dem Drachenkopf noch etwas verschwunden ist?", fragte Lena die Jungen schließlich.

Till zuckte die Schultern. „Keine Ahnung. Sieht aber nicht so aus. Der größte Teil des Wracks scheint ziemlich tief im Sand zu stecken."

„Ich hab mich gestern im Internet mal über die Wikinger schlaugemacht. Da stand, dass ihre Boote in der Mitte ganz flach gebaut waren", erklärte Leon. „Nur der Bug mit dem Drachenkopf und das verzierte Heck haben weit nach oben geragt."

„Das sind wahrscheinlich genau die beiden Teile, die wir bisher gefunden haben", kombinierte Till.

Lena seufzte. „Jedenfalls müssen wir sofort Herrn Mayer informieren." Sie holte ihr Handy aus dem Rucksack. „Seine Nummer hab ich nicht gespeichert. Aber ich schieße schnell ein paar Bilder und dann fahren wir zum Institut."

Schon kurz darauf liefen die Piranha-Piraten zu ihren Surfbrettern zurück.

„Wartet mal." Till blieb plötzlich stehen. „Da ist der erste Hinweis auf den Täter."

Was hatte Till entdeckt?

7. EINE KATASTROPHE

Till zeigte den Zwillingen zwei Ärmelteile, die er auf einem großen Stein gefunden hatte. „Vorgestern waren die noch nicht hier."

„Dann hat sie der Räuber von seiner Jacke abgemacht, weil ihm beim Graben zu warm geworden ist." Leon steckte die Beweisstücke vorsichtig in Lenas Rucksack. „Zu blöd, dass wir nicht wissen, ob die Teile dem Mann vom Hafen gehören. Vorgestern hatte er ja nur ein T-Shirt an. Also suchen wir jetzt nach ihm und schauen nach, ob seine Jacke keine Ärmel mehr hat?"

Lena strich sich eine Strähne aus der Stirn. „Nein, besser, wir verfolgen die zweite Spur: den verschwundenen Drachenkopf."

Die Detektive surften zum Festland zurück, holten ihre Räder von der *Meeresperle* und rasten zum Archäologischen Institut.

„Das ist eine Katastrophe!", stöhnte Herr Mayer auf, als er Lenas Fotos betrachtete. „Da wurde wertvolles Kulturgut gestohlen! Und das nur, um diesen Drachenkopf für ein paar Euros zu verscherbeln ..."

Leon wurde hellhörig. „Sie meinen, das Teil soll verkauft werden? Vielleicht über das Internet?"

„Wohl kaum." Herr Mayer schüttelte den Kopf. „Der Täter kann sich denken, dass wir Fachleute dort nach dem Stück fahnden. Aber auf Trödelmärkten werden solche Funde immer mal wieder angeboten. Obwohl das gesetzlich streng verboten ist."

Da pfiff Till durch die Zähne. „Ich weiß, wo wir uns umsehen sollten", sagte er.

Welchen Ort meinte Till?

8. DUMME TÄTER

Auch Leon schaute auf das Plakat, auf dem für nächsten Samstag ein Antikmarkt angekündigt wurde. „Mein geübter Detektivblick erspäht natürlich sofort, worauf du anspielst."

„Ihr denkt, der Raubgräber wagt es, den Drachenkopf direkt hier in Bad Seestedt anzubieten?" Herr Mayer hob erstaunt die Augenbrauen. „Das wäre doch viel zu riskant für ihn."

„Sie ahnen gar nicht, wie dumm manche Täter sind", entgegnete Lena. „In der Zeitung hab ich neulich von einem Bankräuber gelesen, der vor dem Überfall noch schnell ein Preisrätsel in der Bank ausgefüllt hat. Das ist natürlich von der Überwachungskamera aufgezeichnet worden. Als die Polizei eine halbe Stunde später zu der angegebenen Adresse fuhr, öffnete ihr der Täter die Tür."

„Unglaublich!" Herr Mayer lachte. „Na, dann hoffen wir, dass es uns der Raubgräber genauso einfach macht. Ich komme auf alle Fälle mit auf den Markt."

„Super. Und ich verständige unseren Freund bei der Polizei", bot Lena an und wählte Hennings Nummer.

Am Samstagmorgen trudelte Herr Mayer fast gleichzeitig mit Henning bei den Piranha-Piraten an der Kurpromenade ein.

„Wir sind schon einmal an den Ständen entlanggelaufen", berichtete Leon. „Fehlanzeige. Den Drachenkopf –"

„Seht mal dahinten!", unterbrach ihn seine Schwester.

Worauf machte Lena aufmerksam?

9. TURBOSPURT

„Da kommt der Mann vom Hafen! Mit der Jacke, zu der die Ärmel von der Harlingsinsel passen." Lena deutete mit einer leichten Kopfbewegung zur anderen Seite des Musikpavillons.

„Und in dem alten Packpapier ist ganz sicher der Drachenkopf eingewickelt."

Um unauffällig in die Richtung sehen zu können, tat Till so, als würde er die Zeit auf seiner Armbanduhr nach der Uhr am Pavillon stellen. „Stimmt. Die Größe kommt genau hin."

„Meint ihr?", fragte Herr Mayer und starrte viel zu neugierig zu dem Verdächtigen hinüber. „Ja, und was machen wir nun?"

In diesem Augenblick bemerkte der Mann mit dem seltsamen Paket, dass er beobachtet wurde – und verschwand mit Riesenschritten in der dichten Menschenmenge.

„Jetzt?!" Lenas Stimme überschlug sich hektisch. „Jetzt legen wir einen Turbospurt hin! Der Kerl versucht zu fliehen!"

Wie der Blitz nahm sie die Verfolgung auf und die anderen rannten hinterher.

„Da! Ich seh ihn wieder!", rief Henning. „Er rennt an dem Stand mit den Mausefallen vorbei!"

Auch Leon gelang es, einen Blick auf den Verdächtigen zu werfen.

„Die Folterkammern für Schumacher seh ich. Aber wo hat der Typ den Drachenkopf gelassen?", rief er zurück.

Wo steckte das Paket?

10. SPURLOS VERSCHWUNDEN

„Das Paket liegt unter dem Stand mit den afrikanischen Figuren!" Till drehte sich im Laufen zu Herrn Mayer um, der als Letzter hinterherhechelte. „Am besten, Sie kümmern sich darum! Nicht, dass der Drachenkopf noch mal verschwindet!"

„In Ordnung", japste der Archäologe.

Erleichtert blieb er stehen, während sich die Piranha-Piraten und Henning weiter durch das Gewühl zwängten. Doch das war nicht einfach.

„Wahnsinn, wie viele Leute den alten Kram kaufen wollen." Leon sprang über einen kleinen Leiterwagen, den ein Pärchen quer über den Weg zog.

„Echt perfekt, wenn man unauffällig verschwinden möchte", sagte Till. „Ich seh den Kerl jedenfalls nicht mehr."

„Ich hab ihn auch wieder aus den Augen verloren", meinte Henning enttäuscht.

„Aber da vorne läuft er doch!", rief Lena. „Los, schneller! Sonst ist der Typ endgültig weg!"

Wo befand sich der Verdächtige?

11. EINE SCHNURGERADE GASSE

Sekunden später erreichten die Detektive mit Henning das Ende der Strandpromenade und bogen um eine Hausecke. Denn dahinter hatte Lena den rechten Schuh des Verdächtigen verschwinden sehen.

„Ups! Vollbremsung!", entfuhr es Leon im nächsten Augenblick. Erschrocken stoppten die vier, weil sie beinahe gegen die offene Ladeklappe eines Getränkelasters geprallt wären.

Der Fahrer des Lieferwagens war damit beschäftigt, Bierkästen in den Seiteneingang des *Café Strandkörbchen* zu tragen. Sonst war niemand auf der Straße zu sehen. Nur etwas weiter entfernt parkte ein zweiter Lieferwagen.

„Mist! Wo ist der Kerl hin?", knurrte Lena.

Auch Henning schaute überrascht die lange, schnurgerade Gasse entlang. „In der kurzen Zeit kann er unmöglich bis zum anderen Ende gelaufen sein. Dafür waren wir schon viel zu dicht an ihm dran."

„Hm, vielleicht ...", Till schnappte kräftig nach Luft, „... vielleicht ist er ins Café geflüchtet. Da kann er sich durch irgendeinen Hinterausgang aus dem Staub machen."

„Keine schlechte Idee", meinte Henning.

Doch Leon schüttelte sofort den Kopf. „Nein, das ist unmöglich. Seht ihr denn nicht, was ich sehe?"

Warum war der Räuber nicht im Café?

12. DAS VERSTECK

„Tatsächlich, das Café macht erst um elf Uhr auf. Im Schaufenster hängt ein Schild", stellte Lena fest. Sie schaute mit gerunzelter Stirn noch einmal die Straße entlang. „Mann, aber irgendwo muss dieser Typ doch stecken! Was haltet ihr davon, wenn wir Haus für Haus absuchen?"

In diesem Augenblick klingelte Hennings Handy.

„Hallo, Onkel Knut. Was gibt's?", fragte Henning gleich darauf. „... Nein, den Raubgräber haben wir noch nicht. Aber der Drachenkopf ist in Sicherheit ..."

Ungeduldig gaben die Piranha-Piraten ihrem Freund Zeichen, das Gespräch zu beenden.

„Wir müssen weitermachen", flüsterte Leon. „Sag ihm, dass wir ihm nachher alles erzählen ..."

„Dann tschüss, Onkel Knut", verabschiedete sich Henning gerade in dem Augenblick, als der Fahrer des Getränkelasters zurückkam.

„Platz da", brummte der unwirsch. Er schleppte ein paar leere Wasserkisten an den Piranha-Piraten vorbei zum Lieferwagen und stieg auf die Ladefläche.

Da pfiff Till leise durch die Zähne – und legte mit verschwörerischer Miene einen Zeigefinger auf seine Lippen.

Was hatte Till entdeckt?

13. SCHERBEN BRINGEN GLÜCK

Stumm deutete Till auf die Ladefläche – und nun entdeckten auch Henning und die Zwillinge die Kappe, die hinter den aufgestapelten Bierkisten zu sehen war.

Die Detektive wechselten einen raschen Blick. Super! Der Täter saß in der Falle!

„Ihr bleibt besser unten", flüsterte Henning den Piranha-Piraten zu. Entschlossen schob er den Fahrer zur Seite und kletterte auf die Ladefläche.

„Aber ... aber ...", protestierte der Fahrer laut. Da tauchte die Kappe hinter dem Bierkasten ab.

„Henning, pass auf!", rief Till. „Vielleicht hat er eine Waffe!"

Der Polizist näherte sich dem Stapel. „Hände hoch!", rief er. „Und kommen Sie langsam raus. Jeder Widerstand ist zwecklos."

Nichts rührte sich. Da lugte Henning vorsichtig hinter die Kisten – und begann zu schimpfen: „Verflixt! Der Kerl ist wieder weg!"

Aber das hätte er den Piranha-Piraten gar nicht sagen müssen. Denn in diesem Augenblick schlug der Raubgräber die Seitenplane zurück, sprang vom Wagen und rannte davon.

„Hinterher!", kommandierte Lena sofort.

Doch Leon hielt seine Schwester am Ärmel zurück. „Diesmal lieber nicht", meinte er trocken. „Da geht nämlich gleich gewaltig was schief ..."

Was sah Leon?

EIN HEIßER FALL
1. HEULENDE SIRENEN

Herr Lehnert klopfte an die Kajütentür der *Meeresperle*. „Ich mach Feierabend!", rief er. „Darf ich rein? Ich bringe euch euren Lohn für zwei Stunden Strandkörbe schrubben!"

Schwungvoll öffnete ihm Lena. „Super!", meinte sie. „Unsere Detektivkasse kann Nachschub gebrauchen. Du darfst übrigens mitfeiern, Papa. Wir stoßen gerade auf unseren letzten Fall an."

„Aber nicht zu heftig anstoßen", mahnte Leon grinsend. „Sonst gibt's gleich wieder Scherben. Mann, hat das gekracht, als der Typ gestern gegen die Scheibe gerannt ist!"

Till nickte. „Es war echt Glück, dass er nur ein paar kleine Schnittwunden abgekriegt hat."

„Also, auf euren Erfolg." Herr Lehnert hob sein Glas. „Da ziehen übrigens pechschwarze Wolken auf", berichtete er dann. „Das gibt ein übles Gewitter. Am besten, ihr kommt mit nach Hause."

„Och." Lena zog einen Flunsch. „Ich finde es auf der *Meeresperle* immer so gemütlich, wenn es blitzt und donnert. Hier sind wir ja sicher."

„Hm", brummte Herr Lehnert widerwillig. „Na gut. Aber bleibt in der Kajüte, bis das Unwetter ganz vorbei ist. Versprochen?"

Die Piranha-Piraten nickten – und sie hielten sich auch daran. Denn das Gewitter war längst vorüber, als eine Stunde später die Sirenen losheulten und die Detektive neugierig an Deck eilten.

Warum waren Sirenen zu hören?

2. FEUER IM VILLENVIERTEL

„Dahinten brennt es", murmelte Leon, als er am Stadtrand von Bad Seestedt aufsteigenden Rauch entdeckte.

„Das muss im Villenviertel sein", vermutete Till. „Dort, wo die reichen Leute wohnen."

„Wollen wir hin?", fragte Lena. Die Luft roch leicht brenzlig – und nach einem neuen Abenteuer.

„Weiß nicht." Leon zuckte mit den Achseln. „Ein Fall für uns ist das sowieso nicht. Da hat der Blitz eingeschlagen, ist doch klar."

„Moment mal." Till runzelte die Stirn. „Ich hab mal einen Krimi gesehen: Da haben die Brandstifter ein Gewitter ausgenutzt, um unauffällig Feuer legen zu können …"

„Worauf warten wir Piranha-Piraten dann noch?", rief Lena und holte schnell Schumacher aus der Kajüte.

Mit den Fahrrädern dauerte es nicht lange, bis die Detektive das Villenviertel erreichten. In einer der gepflegten Straßen standen große Löschfahrzeuge. Aus dicken Schläuchen spritzten Feuerwehrleute Wasser auf ein Grundstück. Dort brannte eine Garage, in der mindestens vier Autos Platz hatten. Noch immer züngelten einzelne schwache Flammen aus dem Dach, doch Schlimmeres schien die Feuerwehr verhindert zu haben.

„Ach, schaut mal", rief Lena, „wer dahinten schon ermittelt!"

Wen hatte Lena entdeckt?

3. DIE POLIZEI ERMITTELT

Nachdem sie ihre Fahrräder abgestellt hatten, liefen die Piranha-Piraten zum Eingangstor des Anwesens, neben dem sich Henning mit einem älteren Herrn unterhielt.

„Konsul W. Herrstein", las Till von einer goldfarbenen Tafel am Eingang ab, als sie näher kamen. „Keine Ahnung, was ein Konsul ist", raunte er leise. „Klingt aber vornehm."

„Warum will die Polizei denn ermitteln?", hörte Leon den Mann gerade fragen. „Das Feuer entstand doch durch Blitzschlag."

„Vermutlich, Herr Konsul", entgegnete Henning. „Aber bei einem Brand sucht die Kriminalpolizei immer nach der Ursache. In den nächsten Tagen kommt deshalb ein Gutachter hierher."

„Hallo, Henning", sagten Till und die Zwillinge und grüßten auch Konsul Herrstein höflich.

„Darf ich Ihnen die Piranha-Piraten vorstellen?", fragte Henning. „Sie haben uns schon öfter bei Ermittlungen geholfen."

„Vielleicht ist das Feuer gelegt worden, um einen Einbruch zu vertuschen?", schlug Lena auch sofort vor.

Konsul Herrstein zog überheblich eine Augenbraue hoch. „Und wie sollte der Täter auf mein Anwesen gelangt sein, junge Dame?" Er wies zu dem hohen Zaun mit Speerspitzen. „Dort steigt niemand hinüber. Und das Eingangstor war verschlossen, bis die Feuerwehr kam."

„Das große Tor vielleicht", entgegnete Lena. „Aber es gibt noch eine andere Möglichkeit, auf das Grundstück zu kommen."

Was war Lena aufgefallen?

4. FREI LAUFENDE WACHHUNDE

Lena deutete zu einem Seitentor. „Die Kette dort könnte von außen geöffnet worden sein. Sie ist nur verknotet."

„Tatsächlich", knurrte Konsul Herrstein – und brüllte im nächsten Augenblick: „Teufel!"

Ein Mann mit Dienstmütze kam angelaufen. „Keine Sorge, Chef. Der Rolls-Royce und die beiden Bentleys sind in Sicherheit!"

„Teufel ist mein Chauffeur", erklärte der Konsul Henning knapp und wandte sich mit eisiger Miene an seinen Angestellten. „Gut und schön. Aber hatte ich Ihnen nicht gestern aufgetragen, für das Seitentor ein neues Schloss zu besorgen?"

Der Fahrer zog die Mütze ab. „Tut mir leid, Herr Konsul. Aber der Maybach musste in die Werkstatt. Und ... und das Schloss ist ja nicht so dringend, weil die Hunde doch immer frei herumlaufen." Konsul Herrstein richtete seinen Blick wieder auf Lena.

„Das mit den Wachhunden ist korrekt", sagte er triumphierend. „Die Tiere wurden erst in den Zwinger gesperrt, als die Feuerwehr anrückte. Hier kam also niemand hinein."

„Dürfen wir uns trotzdem in der Villa umsehen?", bat Henning.

„Natürlich", entgegnete Konsul Herrstein kühl.

„Würde mich nicht wundern, wenn der Chauffeur ein Feuerteufel wäre", flüsterte Leon, während die Detektive den Männern mit etwas Abstand folgten. „So fies, wie der Konsul zu ihm ist!"

„Feinde hat der eingebildete Kerl wohl wirklich", raunte Lena. „Ich hab da gerade was entdeckt."

Was hatte Lena bemerkt?

5. EIN EINFACHES VERSTECK

Lena stoppte an der Innenseite des Haupttores, zog ein sauberes Taschentuch aus der Jeans und holte damit ein Stück Papier aus dem durchsichtigen Briefkasten. „Das ist eine anonyme Nachricht. Der Text ist aus Zeitungsschnipseln zusammengesetzt."

Die Jungs kamen näher. „Herrstein, du Schuft!", las Leon von dem Blatt ab. „Mir hat das Feuer das Herz gewärmt! Und dir?"

Die drei wechselten erstaunte Blicke.

„Treffer", raunte Till. „Wenn das keine heiße Spur ist!"

Sofort eilten die Piranha-Piraten mit ihrem Beweisstück zur Villa. Durch ein erleuchtetes Fenster sahen sie, dass der Konsul Henning gerade zeigte, hinter welchem Bild der Tresor verborgen war.

„Na, das ist ja ein superschwieriges Versteck", meinte Leon ironisch. „Aber der Safe ist wirklich nicht aufgebrochen worden."

Lena runzelte die Stirn. „Und warum regt sich die Frau neben dem Schreibtisch dann so auf? Wer ist das überhaupt? Die Frau vom Konsul?"

„Nee, der ist Witwer", sagte Till. „Und zwar schon lange."

„Hä?", machten die Zwillinge wie aus einem Mund. „Woher weißt du denn das jetzt?"

„Man muss eben messerscharf kombinieren können", entgegnete Till und grinste breit.

Was hatte Till gesehen?

6. REICHE HABEN NEIDER

Gleich darauf standen die Piranha-Piraten im Arbeitszimmer unter dem prachtvollen Gemälde, das den Konsul und seine Frau darstellte. Ein kleines Messingschildchen am Rahmen zeigte, dass Frau Herrstein im Jahr 2000 gestorben war.

Aber das war jetzt nicht so wichtig. Denn Henning überflog schon den Drohbrief und hielt ihn dann dem Konsul unter die Nase. „Haben Sie solche Nachrichten in letzter Zeit öfter erhalten?"

Konsul Herrstein setzte einen betont gelangweilten Blick auf. „Ja, seit einigen Wochen. Allerdings kümmere ich mich nicht um diese albernen Dinge ..."

„Wissen Sie, ich bin hier seit dreißig Jahren Haushälterin", mischte sich die rundliche Frau neben dem Schreibtisch ein. „Da erlebt man viel, sage ich Ihnen. Leute wie der werte Herr Konsul haben immer Neider. Wir erhalten Bettelbriefe, Erpresserbriefe, Drohbriefe ..."

Der Konsul seufzte. „Über die Jahre kann man mit diesem dummen Kinderkram ganze Ordner füllen."

„Diesmal scheint die Drohung aber ernst gemeint zu sein", sagte Henning. Er deutete vielsagend durch das Fenster in den Garten hinaus, wo noch immer Blaulichter blinkten. „Haben Sie die anderen Briefe der letzten Zeit aufgehoben?"

„Hat er nicht", sagte Leon, bevor Konsul Herrstein antworten konnte.

Was war Leon aufgefallen?

7. EIN ZERKNÜLLTER HINWEIS

Er angelte aus dem Papierkorb einen zerknüllten Zettel, auf dem ausgeschnittene Zeitungsbuchstaben klebten, und reichte ihn Henning.

Vorsichtig glättete der Polizist das Papier und las vor: „Herrstein, du Schuft! Ich mach dich fertig! So wie du mich!"

Die Nasenflügel der Haushälterin begannen zu beben – aber nicht wegen der Drohung.

„Hat Emily wieder nicht den Papierkorb geleert!", rief sie empört. „Die dumme Kuh wird immer unzuverlässiger!"

„Wer bitte ist Emily?", hakte Henning sofort interessiert nach.

„Unser neues Dienstmädchen", schnaubte die Haushälterin. „Aber wenn sie so schlampig arbeitet, ist sie es bald nicht –"

„Kann ich Emily sprechen?", stoppte Henning den Redeschwall. „Vielleicht hat sie etwas beobachtet, das uns weiterhilft."

„Wenn Sie meinen", brummte die Haushälterin unwillig und führte Henning mit den Detektiven ins Dachgeschoss der Villa. Gleich neben dem Treppenabsatz öffnete sie, ohne anzuklopfen, die Tür zu einer Kammer.

„Sie haben Besuch, Emily!", rief sie. „Die Polizei will wissen, ob Sie etwas zu dem Brand zu sagen haben."

Das Dienstmädchen sprang erschrocken vom Sofa auf und ließ sein Strickzeug fallen. „I...ich? Ich war seit Stunden nicht mehr draußen", entgegnete es mit weit aufgerissenen Augen.

Doch Till wusste, dass Emily log.

Welchen Hinweis sah Till?

8. STOCKENDE ERMITTLUNGEN

Durch die halb offene Badezimmertür hatte Till einen nassen Schirm entdeckt. Aber das behielt er erst einmal für sich.

„Waren Sie denn nicht neugierig, als draußen die Feuerwehr vorfuhr?", wunderte sich Henning. „Das wäre doch normal."

„Ähm ... ich ..." Emilys Stimme stockte.

„Die guckt doch gerade wieder so einen schmalzigen Liebesfilm", knurrte die Haushälterin. „So was liebt die unheimlich."

Henning wandte sich seufzend um. „Ach, gute Frau, ich mache mir übrigens Sorgen um den Konsul. Er sah vorhin doch sehr blass aus. Vielleicht sollten Sie sich lieber um ihn kümmern?"

„Wie Sie meinen", brummte die Haushälterin. Und als sie den Raum verlassen hatte, begann Emily endlich zu erzählen: Sie sei die ganze Zeit im Zimmer geblieben. Denn morgen hätte ihr Neffe Geburtstag und sie wollte sein Geschenk fertig stricken.

„Natürlich habe ich auch mal aus dem Fenster zur brennenden Garage geschaut", endete sie. „Aber das war doch ein Blitzschlag und keine Brandstiftung, oder?"

Statt einer Antwort fragte Henning: „Und was wissen Sie über die Drohbriefe, die der Konsul in letzter Zeit erhalten hat?"

„Nichts. Leider." Das Dienstmädchen sah zu Boden.

„Na gut." Henning seufzte. „Aber wenn Ihnen noch etwas einfällt, melden Sie sich." Er verließ mit den Detektiven das Zimmer.

„Wir werden beobachtet", raunte Lena, als sie auf dem Treppenabsatz noch einmal stehen blieb.

Was hatte Lena bemerkt?

9. KEINE GEDULD

„Emily beobachtet uns durch das Fenster in ihrer Tür. Merkwürdig, oder?"

Till nickte. „Und sie hat gelogen." Auf dem Weg ins Erdgeschoss berichtete er von dem nassen Schirm. „Das Dienstmädchen muss also beim Gewitter draußen gewesen sein", folgerte er. „Davor und danach hat es nicht geregnet."

„Mir ist auch etwas aufgefallen", sagte Leon. „Diese Emily hat ein Bild vom Konsul in ihrem Zimmer. Das ist doch nicht normal." Er zwinkerte Henning zu. „Oder hast du ein Bild von deinem Chef bei dir zu Hause hängen?"

„Klar." Henning lachte. „Direkt über meinem Bett."

In der Eingangshalle wartete schon Konsul Herrstein. „Wie stehen die Ermittlungen?", erkundigte er sich steif.

Henning zuckte mit den Schultern. „Warten wir ab, was der Brandgutachter in den nächsten Tagen hier herausfindet. Wenn es Brandstiftung war, ermittelt die Kripo weiter ..."

Doch so lange wollten die Piranha-Piraten nicht warten. Gleich am nächsten Nachmittag lauerten sie vor der Villa, bis das Dienstmädchen das Haus mit einem Einkaufskorb verlassen hatte. Dann klingelten sie am Eingangstor. Nichts rührte sich.

„Ich seh die Hunde nicht." Leon lugte besorgt durch die Stäbe und lief ein Stück am Zaun entlang. „Na, so ein Glück! Die beiden sehen mich auch nicht."

Wo befanden sich die Hunde?

10. DIE GEHEIMWAFFE

„Die stecken in einer Wanne und werden gerade vom Teufel persönlich eingeseift." Leon zeigte auf das große Grundstück.

„Besonders glücklich sehen sie nicht aus", stellte Lena voller Mitleid fest. „Aber wahrscheinlich mag der feine Herr Konsul nur Hunde, die nach Parfüm duften ..."

„Wer ist da?", schnarrte endlich die Stimme der Haushälterin durch die Gegensprechanlage.

„Der Drache passt echt super zu seinem Chef", flüsterte Till. Doch die Piranha-Piraten kannten eine Geheimwaffe gegen Unfreundlichkeit – Freundlichkeit.

„Guten Tag", antwortete Lena höflich. „Wir sind die Kinder, die gestern mit der Polizei bei Ihnen waren. Dummerweise habe ich mein Notizbuch im Zimmer von Emily liegen lassen."

„Emily ist nicht da", tönte es rau zurück. „Da müsst ihr später wiederkommen."

„Oh, das geht leider nicht", entgegnete Lena. „Nachher müssen wir unseren Eltern helfen."

„So? Das gibt es noch? Kinder, die ihren Eltern helfen?", brummte die Haushälterin verwundert.

Der Summer ertönte, wie von Geisterhand öffnete sich das Tor und die Detektive liefen über die Auffahrt auf die Villa zu.

„Hier wurde was verbrannt", raunte Till.

„Klar, du Schnellmerker." Leon kicherte. „Gestern. Die Garage."

„Nee, die meine ich nicht", widersprach Till.

Was war verbrannt worden?

11. STRICH DURCH DIE RECHNUNG

Till deutete auf eine flache Blumenschale, in der ein fast völlig verkohltes Foto lag. „Würde echt gerne wissen, wer oder was darauf zu sehen war, dass es vernichtet werden musste", murmelte er.

„Na, wird's bald!", rief die Haushälterin von der offenen Haustür her. „Wie lange soll ich noch warten?"

Die Piranha-Piraten beeilten sich, zur Villa zu kommen.

„Wir wollen Ihnen keine Umstände machen", säuselte Lena, als sie zu dritt vor der Haushälterin standen. „Sie müssen uns auch gar nicht nach oben begleiten. Wir kennen ja den Weg."

„Nein, nein. Das würde euch so passen, alleine im Haus herumzuschleichen", knurrte die Haushälterin misstrauisch. „Wartet hier, ich hole den Schlüssel für Emilys Kammer." Sie drehte sich um und verschwand in einem Nebenraum.

„Mist, der Drache macht uns einen Strich durch die Rechnung", flüsterte Till den Zwillingen zu. Er biss sich auf die Lippen. „Was jetzt?"

„Lass das nur meine Sorge sein, ich hab schon einen genialen Plan", raunte Lena verschwörerisch zurück, gerade noch rechtzeitig, bevor die Haushälterin wieder zurückkehrte.

Im Gänsemarsch stiegen sie alle ins Dachgeschoss hinauf, die Haushälterin sperrte umständlich Emilys Tür auf – und diesen Augenblick nutzte Lena, um ihr Ablenkungsmanöver zu starten.

Was hatte Lena vor?

12. DAS ABLENKUNGSMANÖVER

Leise öffnete Lena den Reißverschluss von Schumachers Tasche – und ließ die Maus im nächsten Moment zwischen den Beinen der Haushälterin hindurch in Emilys Zimmer flitzen.

„Hilfe! Eine Ratte!", kreischte die Haushälterin sofort wie am Spieß. „Igitt! Seit wann gibt es die Viecher hier oben?" Sie zog die Tür wieder zu. „Ich muss sofort Gift kaufen!"

„Äh ... Entschuldigung, das müssen Sie nicht." Lena tat völlig zerknirscht. „Das ... ähm ... war keine Ratte, sondern meine Maus." Sie zeigte der Haushälterin die leere Tasche. „Die ist mir aus Versehen gerade ausgebüxt."

„Wie bitte?!" Die Haushälterin glaubte, sich verhört zu haben. „Das widerliche Vieh gehört euch?" Ihre Nasenflügel bebten. „Na, wenn das so ist: Dann fangt es gefälligst auch wieder ein!"

Mit einem Ruck riss sie die Zimmertür wieder auf, schubste die Piranha-Piraten unsanft in die Kammer – und knallte die Tür von außen wieder zu.

Drinnen atmeten die drei Detektive erleichtert auf.

„Wagt es bloß nicht, ohne dieses Ungeziefer herauszukommen!", rief die Haushälterin von draußen.

„Oh, ganz bestimmt nicht!", rief Lena zurück, grinste von einem Ohr zum anderen und raunte den Jungs zu: „Na, wie war ich?"

„Genial, Schwesterherz!", lobte Leon. „Fast so genial wie ich. Mir springt nämlich schon etwas Wichtiges ins Auge, was sich hier seit gestern verändert hat."

Was fiel Leon auf?

13. EINE THEORIE

Leon lief zu dem Nagel an der Wand, an dem beim letzten Besuch noch ein Bild gehangen hatte. „Der Konsul ist verschwunden", erklärte er.

Till rückte nachdenklich seine Brille zurecht. „Also, ich kombiniere: Draußen wurde ein Foto angezündet. Und hier fehlt eines. Das ist kein Zufall. Hm, aber warum es verbrannt wurde, wissen wir nicht."

„Doch", sagte Lena. Aber dann ging sie erst einmal in die Knie und versuchte, Schumacher unter dem Teppich hervorzulocken.

„Ich hab genau gesehen, dass er da reingesaust ist ...", murmelte sie mit der Nase über dem Boden.

„Sehr schön", bemerkte Leon trocken. „Aber was meintest du eben mit ‚doch'?"

„Ach so, ja." Lena blickte auf. „Wahrscheinlich versteht ihr Jungs das nicht, aber ich glaube, Emily ist in den Konsul verknallt. Sie schaut ja gern Liebesfilme. Und bestimmt beachtet ihr Chef sie gar nicht. Deshalb schreibt sie jetzt anonyme Briefe an ihn, legt Feuer ..."

Von draußen pochte es gegen die Tür. „Na, was ist? Habt ihr das Vieh endlich?", rief die Haushälterin ungeduldig.

„Noch nicht!", antwortete Leon. „Und Sie bleiben echt besser draußen. Lenas Maus klettert gerne an Beinen hoch und beißt."

„Wir müssen unbedingt herausbekommen, ob deine Theorie stimmt, Lena." Till sah sich im Zimmer um. „Treffer! Ich weiß, was uns weiterhilft!"

Was hatte Till entdeckt?

14. EIN PERFEKTES GESTÄNDNIS

Unter einem Sofakissen zog Till Emilys Tagebuch hervor. „In solche Dinger schreiben Verliebte doch ihre Geheimnisse rein, oder?" Er grinste die Zwillinge an.

Leon griff nach dem Buch und begann darin zu blättern. „Ich glaube, hier steht was ...", murmelte er gleich darauf. Er hielt Lena und Till die Seite mit Emilys letztem Eintrag hin. „Wartet, ich lese es euch vor: ‚Gerade war die Polizei bei mir. Aber niemand scheint zu ahnen, dass ich die Garage angesteckt habe. So etwas traut man einer grauen Maus wie mir gar nicht zu. Und deshalb wird auch der Konsul nie merken, wie sehr ich ihn liebe ...'"

Die drei Detektive warfen sich triumphierende Blicke zu.

„Na, wenn das kein perfektes Geständnis ist." Till pfiff durch die Zähne.

„Wir müssen sofort Henning informieren", entschied Lena.

„Aber da wir gerade von grauen Mäusen reden: Zuerst sollten wir Schumi fangen. Hebt ihr bitte mal den Teppich hoch?"

In diesem Augenblick sahen sie, dass Schumacher unter dem Bett hervortrippelte – und quer durchs Zimmer flitzte.

„He! Wie bist du denn unters Bett gekommen? Halt! Hierher! Dein Einsatz ist beendet." Lena kroch suchend auf dem Boden umher.

„Ach, da steckst du. Oh, und weitere Beweismittel hast du auch gefunden. Super." Sie kicherte. „Tja, du bist eben eine echte Detektivmaus. Halt, Schumi! Nichts auffressen ...!"

Was hatte die Maus gefunden?

DER ENTFÜHRTE KÖNIGSPYTHON
1. IM FREIZEITPARK

Die Piranha-Piraten saßen im Freizeitpark auf einer Bank und futterten frisch gebackene Waffeln.

„Ein Glück, dass Schumi zu Hause geblieben ist." Lena wischte sich Puderzucker von der Nasenspitze. „Das Achterbahnfahren hätte ihm nicht gefallen. Und er ist sowieso noch beleidigt, weil er die Buchstabenschnipsel unter Emilys Schrank nicht fressen durfte. Aber die brauchten wir doch, um Emily auch das Schreiben der Drohbriefe nachweisen zu können."

„Tja, für den Einsatz als Detektivmaus muss Schumacher noch ein bisschen dazulernen", stellte Leon grinsend fest.

„Ich bin jedenfalls noch immer baff, dass uns der Konsul als Belohnung drei Karten für den Freizeitpark spendiert hat. Hätte ich dem Miesepeter echt nicht zugetraut." Till verputzte den letzten Bissen und stand auf. „Wollen wir langsam weiter?"

„Okay. Aber nicht schon wieder Achterbahn fahren. Davon ist mir jetzt noch ganz flau im Magen." Leon erhob sich ebenfalls.

„Ich würde mir gern eine der Shows anschauen", sagte Lena. „Am liebsten eine mit Tieren. Oder eine Zaubershow."

„Mal sehen, ob es so was gibt." Till zog einen Faltplan aus seinem Rucksack und begann, ihn zu studieren. „Doch, ja. Sogar eine mit Zauberer und Tieren. Wenn wir uns beeilen, kommen wir noch rechtzeitig zur Vorstellung."

Welche Show meinte Till?

2. TIERE VERSCHWINDEN

Leon beugte sich über Tills Schulter. „Du meinst die magische Tiershow mit Ali Sameri? Da steht, dass der sogar einen ausgewachsenen Puma verschwinden lässt." Er grinste. „Hm, das kann ich auch. Ich mach einfach die Tür zum Käfig auf – und schon ist der liebe, kleine Kater weg ..."

„Von wegen." Lena lachte. „Du würdest dich nicht mal in die Nähe von so einem Käfig trauen. So, und jetzt los."

Die drei Detektive erreichten das Zelt des Magiers gerade, als die Vorstellung begann. Auf der Bühne stand hinter goldenen Gitterstäben der schwarze Puma, starrte mit feurigen Augen ins Publikum und fauchte.

„Okay, ich geb's zu", flüsterte Leon. „Der liebe, kleine Kater ist doch eher ein großer, böser Kater. Mit dem will ich nix zu tun haben. Und auch nicht mit dem Kaiman da vorne. Mann, der darf sogar frei rumlaufen ..."

Till kicherte. „Mir ist auch das Kaninchen lieber, das da im Zylinder hockt."

Begleitet von lautem Trommelwirbel zog der Magier Sameri ein hauchdünnes Tuch über den Zylinder – und gleich darauf zeigte seine Assistentin dem Publikum strahlend den leeren Hut.

„Ich weiß, wie's funktioniert", meinte Lena leise. „In Wirklichk..." Sie stockte. Denn in diesem Augenblick rannte ein Mann aus dem Zuschauerraum vor zur Bühne, schnappte sich etwas und stürzte damit aus dem Zelt!

Was war geraubt worden?

3. EIN VERZWEIFELTER MAGIER

Die Zuschauer schrien entsetzt auf.

„Gibt's so was? Der hat den Korb mit der Schlange geklaut!", rief Till.

Lena sprang von ihrem Sitz auf. „Dann los! Wenn das kein Fall für die Piranha-Piraten ist!"

„Vielleicht gehört es aber auch zu der Show", gab Leon zu bedenken. „Ich meine, wegen dem Verschwindenlassen und so ..."

„Quatsch!" Seine Schwester zeigte ihm einen Vogel. „Dann würde Ali Sameri doch nicht so rumschreien!"

„Hilfe! Mein Königspython!", jammerte der Magier auf der Bühne verzweifelt und wirkte nun gar nicht mehr geheimnisvoll.

„Hilfe!", kreischte auch seine Assistentin und fuchtelte hysterisch mit den Armen.

„Kommt, Jungs!", drängte Lena. „Wir verlieren kostbare Zeit! Schwingt die Hufe!"

Gefolgt von Till und Leon, flitzte sie vor das Zelt. Draußen auf den Wegen wimmelte es von Menschen.

Doch schon nach wenigen Sekunden erkannte Lena, in welche Richtung der Räuber geflüchtet sein musste.

Welcher Hinweis fiel Lena auf?

4. EIN SELTSAMER SCHAL

„Da treibt der Korb!", rief sie. „Auf dem Fluss! Der Kerl hat ihn übers Brückengeländer geworfen!"

Die drei Detektive wollten gerade über die Brücke rennen, als am anderen Ufer plötzlich etwas Merkwürdiges geschah: Der Räuber trat hinter einem Gebüsch hervor, trug die Schlange dabei wie einen Schal lässig um den Hals geschlungen – und winkte den Piranha-Piraten lächelnd zu.

„Hä? Ist der bescheuert?", rief Leon verblüfft. „Hat den das Vieh gebissen und jetzt löst das Gift schon sein Gehirn auf?"

„Das ist keine Giftschlange, das weiß doch jeder!", zischte Lena. „Der Python gehört zu den Würgeschlangen."

„Auch nett", meinte Leon trocken. Er fasste sich an den Hals und röchelte theatralisch. „Aber so wie's aussieht, ist das Vieh wenigstens gerade satt ..."

Noch immer stand der Mann auf dem Weg und schaute in aller Ruhe zu ihnen herüber.

Da machte Lena einen Schritt nach vorn – und auch der Räuber setzte sich wieder in Bewegung. Geschmeidig wie eine Katze tauchte er in der Besuchermenge ab.

„Hinterher!", kommandierte Lena sofort.

Doch im Gedränge verloren die Detektive den Mann trotzdem aus den Augen. Schließlich hielten sie an einer Weggabelung und schauten sich suchend um.

„Treffer!", rief Till plötzlich überrascht.

Wo steckte der Räuber?

5. ZU WEIT

„Nicht zu fassen! Der macht eine Bootsfahrt mit der Schlange!" Till zeigte auf den großen See hinaus, von wo ihnen der Räuber wieder freundlich zuwinkte.

„Will der uns veräppeln?" Lena schnaubte entrüstet. „Dem Kerl zeigen wir, dass er es mit den Piranha-Piraten zu tun hat!"

„Ja, wir schnappen uns auch ein Boot und holen ihn damit ein", schlug Till vor.

„Na, dann viel Spaß beim Paddeln", wünschte ihm Leon. „Die Boote werden unter Wasser auf Schienen über den See gezogen. Damit kannst du nie ein Boot vor dir erreichen."

„Ach so." Jetzt sah auch Till das Hinweisschild am Bootsanleger – und begann sofort zu kombinieren: „Aber das ist auch ein Vorteil für uns! Der Räuber kann nicht selbst entscheiden, wo er mit seinem Boot anlegen will!"

„Genau!" Lenas Miene hellte sich wieder auf. „Wir laufen zur Anlegestelle am anderen Ufer und versuchen, den Kerl dort abzufangen. Das wird eng. Aber vielleicht schaffen wir es."

Doch so schnell die Piranha-Piraten auch rannten: Die Strecke um den See herum war einfach zu weit, um vor dem Räuber am anderen Ufer zu sein. Dem Mann blieb sogar noch Zeit, sich vor dem Eintreffen der Detektive eine Tüte Popcorn zu kaufen.

Lachend zeigte er seinen Verfolgern aus der Ferne die große Packung und verschwand erneut in der Menschenmenge. Doch diesmal hinterließ er eine gut sichtbare Spur.

Was wies den Detektiven den Weg?

6. ZERRBILDER

„Was meint ihr? Hat die Tüte zufällig ein Loch oder streut der Kerl das Zeug mit Absicht?", fragte Till, während er mit den Zwillingen der Fährte aus Popcorn folgte.

Lena zuckte mit den Schultern. „Keine Ahnung. Dem Typen trau ich inzwischen alles zu. Der will sich doch nur über uns lustig machen."

Leon deutete zum Spiegelkabinett, wohin die Spur führte. „Jetzt will er jedenfalls erst mal über sich selbst lachen", meinte er.

Die Piranha-Piraten liefen ebenfalls zwischen die kreuz und quer aufgestellten großen Spiegel.

„Cool!", gluckste Leon im nächsten Augenblick los, als er sein verzerrtes Spiegelbild erblickte. „Ich bin fett wie ein Walross!"

„Das passt ja super. Genauso siehst du nämlich bald aus, wenn du dir beim Mittagessen dauernd dreimal nachnimmst", meinte Lena. Sie selbst wirkte in einem anderen Spiegel dünn wie eine Stricknadel und gefiel sich sehr gut.

Till stand vor einem dritten Spiegel. „He, und schaut mal mich an!"

Die Zwillinge liefen neugierig zu ihm – und einen Augenblick später prusteten alle drei lauthals los. Sie lachten so sehr, dass sie sich aneinander festhalten mussten.

„Jetzt kriegt euch wieder ein, Jungs, okay?", mahnte Lena schließlich. „Wir wollen doch den Räuber fangen." Sie wischte sich eine Lachträne aus den Augen. „He, da steht er ja!"

Wo entdeckte Lena den Räuber?

7. RÄUBER UND GENDARM

„Echt? Wo denn?", fragte Leon verdattert. „Oh, jetzt seh ich ihn auch! Im Spiegel!"

Es wirkte sehr komisch, als ihnen der Räuber im Zerrspiegel eine Grimasse schnitt. Die drei Detektive wirbelten herum. Doch der Mann war mit der Schlange wie vom Erdboden verschluckt.

„Schnell, Jungs!", befahl Lena. „Er ist aus dem Spiegelkabinett rausgerannt."

Aber Leon rührte sich nicht vom Fleck. „Und wenn schon. Keine Panik, Schwesterherz. Der Kerl wartet sowieso wieder irgendwo. Der spielt doch so was wie Räuber und Gendarm mit uns."

„Hm, Räuber und Gendarm ...", wiederholte Till nachdenklich – und zog plötzlich die Augenbrauen hoch. „Mir fällt gerade was ein, Leute! Neulich haben sie im Fernsehen über einen Typen berichtet, der schon in ein paar Freizeitparks den gleichen Quatsch gemacht hat. Zuerst klaut er was. Dann spielt er mit seinen Verfolgern eine Zeit lang im Park Verstecken. Und irgendwann verduftet er endgültig." Till schob seine Brille zurecht. „Ich denke, das ist der Kerl, dem wir folgen!"

„Klingt logisch", stimmte Leon zu. „Der Mann könnte mit dem Schlangenvieh längst über alle Berge sein. Wenn er wollte ..."

Die drei liefen aus dem Kabinett und schauten nach links und rechts.

„Will er aber tatsächlich nicht", stellte Till fest.

Wo wartete der Räuber diesmal?

8. ZUCKENDE BLITZE

Diesmal wartete der Räuber am Eingang der Geisterbahn. Erst als er sicher war, dass ihm die Piranha-Piraten folgten, ging er in das Gebäude hinein und setzte sich mit der Schlange in einen Wagen.

„Und was jetzt?", fragte Till unschlüssig. „Eigentlich müssen wir doch nur warten, bis er da wieder rauskommt, oder?"

„Es sei denn ...", begann Leon.

„... die Halle hat einen Hinterausgang", vollendete Lena.

Die Detektive sprangen ebenfalls in einen Wagen und rollten in die Geisterbahn. Drinnen war es zunächst stockfinster. Nur lautes Kettenrasseln und heiseres Wimmern erfüllten die riesige Halle. Doch da! Ein Blitz zuckte! Und neben dem Wagen der Piranha-Piraten tauchte plötzlich ein Mann auf – samt seinem Kopf unter dem Arm!

„Huuaahhh!", röchelte der blutige Kopf mit aufgerissenem Mund.

„Danke. Echt gruselig", gähnte Leon zurück. „Haben Sie hier nicht mehr zu bieten?"

Überall in der Geisterbahn leuchteten nun grelle Blitze auf. Die Fahrt ging vorbei an klapprigen Skeletten, Werwölfen mit messerscharfen Zähnen und brennenden Hexen. Aus den Wagen vor und hinter den Piranha-Piraten ertönte immer wieder Gelächter.

„Die anderen finden es auch eher lustig", stellte Till fest.

Wieder zuckten Blitze. Aber diesmal war etwas anders: Ein gellender Schrei ertönte von irgendwoher! Nur – von wo genau?

Was war in der Geisterbahn geschehen?

9. EIN RIESENSCHRECK

„Habt ihr das gesehen?", rief Lena aufgeregt. „Vorn an der Ecke war unser Mann! Der hat einer Frau die Schlange vors Gesicht gehalten!" Unaufhaltsam rumpelte der Wagen der Piranha-Piraten in der stockfinsteren Geisterbahn auf die Ecke zu. „Wir müssen abspringen!"

„Und wie?", schrie Leon zurück. „Ich kann doch nicht sehen, wohin ich springe!"

In dieser Sekunde zuckten erneut Lichtblitze auf – und der Räuber stand direkt neben dem Wagen der Detektive.

Hämisch lachend legte er Leon den Python um den Hals, ehe es im nächsten Moment wieder schwarz wie die Nacht wurde.

„Hilfe!", brüllte Leon. „Er will mich umbringen!"

Vor Schreck merkte er nicht einmal, dass die Würgeschlange längst wieder von seinen Schultern verschwunden war.

„Bin ich schon tot?", quietschte Leon weiter verzweifelt, während der Wagen nun in Richtung Ausgang rollte.

Das Tor öffnete sich, Sonnenlicht blendete die Detektive und die Fahrt war vorüber.

„Na super." Murrend kletterte Till aus dem Wagen. „Jetzt ist der Typ immer noch da drin und wir sind wieder draußen."

„Worüber du dich aufregst", seufzte Leon. Mit weichen Knien sank er auf die Treppe vor der Geisterbahn und schloss die Augen, um sich zu erholen. „Ich bin froh, dass ich überhaupt noch lebe!" Schließlich hob er wieder den Blick – und runzelte die Stirn.

Was fiel Leon auf?

10. EIN HIMMLISCHES ZEICHEN

Wortlos deutete Leon auf einen schlangenförmigen Luftballon, der in einiger Entfernung am Himmel schwebte.

„Hier bin ich!", entzifferte Lena mit ihren Adleraugen die Nachricht, die auf einem Banner an dem Ballon angebracht war. Sie schaute die Jungs an. „Wollen wir hin?"

„Ich hab keinen Bock mehr!", stöhnte Leon. „Der Typ nervt."

„Mir wird das Katz-und-Maus-Spiel auch langsam zu bunt", meinte Till gereizt. „Im Fernsehen haben sie übrigens gesagt, dass er die Beute meistens im Park zurücklässt. Also bekommt der Magier seine Schlange wahrscheinlich sowieso wieder."

„Trotzdem. Piranha-Piraten geben nicht auf", erinnerte Lena die beiden. Sie griff nach ihrem Handy. „Ich ruf jetzt Henning an und gebe ihm die Täterbeschreibung durch. Dann kann er den Kerl am Ausgang abfangen. Irgendwann muss er schließlich rausgehen." Während Lena mit Henning telefonierte, behielten die Jungs den Luftballon im Auge.

„Der rührt sich nicht vom Fleck", stellte Till fest, nachdem Lena das Gespräch beendet hatte.

Die Detektive machten sich wieder auf den Weg und der Luftballon lockte sie zu einem großen Abenteuerspielplatz.

„Kein Wunder, dass der Ballon an derselben Stelle bleibt." Leon konnte schon wieder ein wenig grinsen. „Schaut mal, was der Räuber mit dem Ding angestellt hat."

„Treffer!", rief Till. „Und ich weiß, wo die Beute ist!"

Wo steckte der Königspython?

11. GEFAHR UNTER DER DECKE

Auch Lena hatte den Schwanz der Schlange entdeckt. Er lugte aus dem einsam dastehenden Kinderwagen heraus, an dem der Luftballon festgebunden war. Nur der Täter ließ sich nicht blicken.

Die Piranha-Piraten erreichten den Kinderwagen genau in dem Moment, als eine Mutter mit ihrem Baby zu ihm zurückkehrte.

„Halt, legen Sie Ihr Kind nicht hinein!", warnte Lena die junge Frau. Dann hob sie vorsichtig die Decke im Kinderwagen hoch.

„Iiiiiih!" Die Frau wich einen Schritt zurück und starrte auf die Schlange. „Aber ... aber ... ich war doch nur kurz beim Sandkasten ...", stammelte sie, „wie kommt das Vieh da rein?"

„Das ist eine längere Geschichte", entgegnete Till. „Ich erzähl sie Ihnen gern, während wir beide den Wagen dort hinschieben, wo der Python hingehört." Er wandte sich grinsend an Leon. „Oder willst du das übernehmen?"

„Ich?!" Leon schüttelte es heftig. „Das Monster sieht aus der Nähe noch gefährlicher aus, als ich es mir vorgestellt hab. Ein Wunder, dass ich noch lebe!"

„Jetzt krieg dich wieder ein und hilf mir lieber, den Typen zu finden", sagte Lena. Sie guckte sich beunruhigt um. „Falls er nicht schon endgültig weg ist. Dann würde Henning leider zu spät kommen."

„Keine Sorge, Lena. Der Kerl ist noch da", sagte Till leise.

Wo befand sich der Täter?

12. DER BART IST AB

„Er steht oben auf der Riesenrutsche und schaut zu uns rüber", erklärte Till. „Aber ihr erkennt ihn nur noch an den Haaren und dem Ohrring. Der Bart ist ab. Und die Jacke sieht auch anders aus. Scheint eine Wendejacke zu sein." Diesmal winkte der Räuber nicht.

„Der wollte nur noch beobachten, ob wir die Schlange finden, bevor er sich aus dem Staub macht", vermutete Lena.

Sie flitzte mit Leon über den Spielplatz, sah, dass auch der Mann losrannte, und folgte ihm in Richtung des großen Piratenschiffes. Dort wurde er von einer Horde Kindergartenkinder mit Wasserpistolen beschossen.

„Die Zwerge spritzen dem Kerl die Klamotten nass!", rief Leon schadenfroh, bevor er selbst geschickt aus der Schusslinie sprang.

Die Detektive erreichten die andere Seite des Platzes – doch ausgerechnet in diesem Augenblick tuckerte eine Bimmelbahn heran und winkende Fahrgäste versperrten ihnen die Sicht.

„So ein Mist!", schimpfte Lena. Sie reckte vergeblich den Hals. „Jetzt entkommt uns der Kerl!"

Endlich war die Bahn vorübergerollt und die Zwillinge schauten unschlüssig nach links und rechts.

„Ich seh ihn nicht", sagte Leon enttäuscht.

„Aber ich!" Lena begann zu kichern. „Na ja, wenigstens einen Teil von ihm. Und ich weiß auch, wie wir ihn festhalten können!"

Wo hatte Lena den Täter entdeckt?

DIE GEFÄLSCHTE CHRONIK
1. ÜBERALL EIN NEUER FALL

Knut Jensen saß mit den Piranha-Piraten auf der *Meeresperle* und hörte vergnügt zu, was Leon aus dem *Seeboten* vorlas:

„Gestern Nachmittag ereignete sich im Freizeitpark ein Zwischenfall, bei dem das voll besetzte Riesenrad für einige Minuten stillstand. Die in Bad Seestedt als Detektive bekannten Piranha-Piraten hatten den Betreiber gebeten, das Fahrgeschäft anzuhalten, da sich in einer der Kabinen ein gesuchter Räuber versteckte ..."

„Ihr seid ja man bannig clevere Sprotten!", lachte der Kapitän. „Lasst den Tunichtgut einfach in der Luft zappeln!"

„Mit nassen Hosen", sagte Lena. „Daran hab ich ihn erkannt."

„Ja, und dann kam Henning und hat ihn verhaftet", erzählte Till.

Der alte Seebär grinste. „Sieht jedenfalls ganz so aus, als könntet ihr nirgendwo hingehen, ohne auf einen neuen Fall zu stoßen. Ich bin gespannt, was ihr heute im Zoo erleben werdet."

„Eigentlich wollen wir hin, damit Leon endlich mal was über Tiere lernt", sagte Lena und seufzte. „Das hat er dringend nötig."

Eine Stunde später kaufte Till am Eingang des Hollenberg-Zoos drei Eintrittskarten – während die Zwillinge neugierig ein altes Buch betrachteten, das geschützt in einer Vitrine lag.

„Moment mal, da stimmt was nicht", murmelte Leon plötzlich.

Was war Leon aufgefallen?

2. FALSCHE ZAHLEN

Leon wies auf ein großes Foto, das an der Wand über der Vitrine hing. „Da steht, dass die Afrika-Reise von Emil Hollenberg im Jahr 1883 stattgefunden hat. Aber hier im Buch steht 1983."

„Hallo, ihr beiden. Na, gefällt euch die alte Schrift?", erkundigte sich in diesem Moment eine Stimme bei Lena und Leon.

Die Zwillinge drehten sich überrascht um. Hinter ihnen stand der Vater ihrer Schulfreundin Susan. Er arbeitete im Zoo als Tierarzt und hatte in der Klasse darüber schon einmal einen spannenden Vortrag gehalten.

„Ähm ... ja", stammelte Leon. „Ist ... ist das denn das Original?"

„Oh, sicher", entgegnete Doktor Hansen und begrüßte auch Till, der mit den Karten zur Vitrine kam. „Es ist eine Leihgabe der Nachfahren Emil Hollenbergs. Frau Professor Melzer hat sich sehr darum bemüht, die Chronik hier für vier Wochen ausstellen zu dürfen. Hollenberg ist ja der Gründer unseres Zoos. Er wäre diesen Monat 150 Jahre alt geworden."

Lena nickte. „Das stand auch im *Seeboten*." Sie schaute auf die Abbildungen an den Wänden, die noch andere Seiten des Buches zeigten. „Sind die Fotos dann auch nur geliehen?"

„Nein." Doktor Hansen schüttelte den Kopf. „Die wurden von Frau Professor Melzer selbst angefertigt, nachdem die Chronik eingetroffen war. Sie sollen hier in Zukunft immer hängen."

„Wer ist diese Professorin?", fragten die Zwillinge gleichzeitig. Till wusste es bereits.

Wer war Frau Professor Melzer?

3. KLUG KOMBINIERT

„An der Tafel bei der Kasse steht, dass sie die Leiterin des Zoos ist", berichtete Till. „Warum interessiert euch das? Wir haben doch nicht schon wieder einen Fall, oder?"

„Doch." Leon zeigte auf die zwei verschiedenen Jahreszahlen. „Oder die Chronik ist im Himmel geschrieben worden."

„Du meine Güte!", entfuhr es dem Tierarzt erschrocken. „Da haben uns die Nachfahren ja eine Fälschung untergejubelt!"

Till wiegte nachdenklich den Kopf. „Das kann nicht sein. Sie sagten doch, dass die Fotos hier gemacht wurden. Und das Foto über der Vitrine trägt das richtige Datum." Er rückte seine Brille zurecht. „Also wurde die Fälschung erst danach angefertigt."

Doktor Hansen warf Till einen bewundernden Blick zu. „Alle Achtung! Jetzt verstehe ich, warum meine Tochter so von euch Piranha-Piraten schwärmt." Er seufzte. „Aber was machen wir jetzt? In drei Tagen wird die Chronik wieder abgeholt. Nicht auszudenken, was das für einen Skandal gibt ..."

„Am besten, wir gehen zu Frau Melzer", schlug Lena vor. „Sie kann uns sagen, wer außer ihr noch an die Chronik herankam. Ist sie in ihrem Büro?"

„Sie ist bei den Tieren. Ihr erkennt sie an ihrer Baskenmütze", erklärte Doktor Hansen. „Aber wartet. Frau Melzer hat ihre Brille in meinem Büro vergessen. Die wollte ich ihr gerade bringen."

Die Detektive folgten dem Tierarzt auf das Gelände hinaus. Und bald darauf entdeckten sie die Zoodirektorin in einem Gehege.

Wo war die Professorin?

4. DER VERLORENE SCHLÜSSEL

„Ach, wie süß!", rief Lena. „Sie schmust ja mit einem Affen!" Doktor Hansen schmunzelte. „Das sind Gibbons. Die Tiere lieben Frau Melzer. Und Frau Melzer liebt alle Tiere. Sie wohnt sogar hier auf dem Gelände, um immer bei ihnen sein zu können." Er bat die Leiterin durch ein Zeichen, aus dem Gehege zu kommen.

„Was gibt's, Hansen?", fragte die zierliche alte Frau freundlich, als sie wenig später neben dem Tierarzt stand. „Haben unsere Eisbären eine Erkältung? Oder die Pinguine Fracksausen? Ach, Sie bringen mir meine Brille, das ist nett." Sie war so klein, dass sie sogar zu Lena aufschauen musste. „Weißt du, Susan, ich bin nicht nur schrecklich vergesslich. Ich sehe auch schlecht."

„Das ist nicht Susan", entgegnete Doktor Hansen lächelnd. Er berichtete von der Chronik und wies auf die Piranha-Piraten. „Die drei sind Detektive und haben die Fälschung entdeckt."

„Ach ja?" Die Professorin setzte die Brille auf und beäugte die Piranha-Piraten genauer. „Und? Jetzt verdächtigt ihr mich?"

„Natürlich nicht", widersprach Lena sofort, denn sie fand Frau Melzer nett. „Aber vielleicht hat das Buch ja mal ohne Aufsicht herumgelegen, nachdem Sie die Fotos gemacht haben."

Frau Melzer begann leise zu kichern. „Nein, diese Kostbarkeit habe ich immer sorgfältig weggeschlossen. Sogar jetzt trage ich den Schlüssel zur Vitrine bei mir, damit niemand an die Chronik kommt." Sie wühlte in ihren Kitteltaschen. „Na, wo ist er denn?"

„Keine Panik, ich seh ihn", meinte Leon grinsend.

Wo lag der Schlüssel?

5. CHEFSACHE

„Bei den Gibbons liegt ein Schlüsselbund", sagte Leon.

„Oh! Dann ist er mir bestimmt vorhin aus der Tasche gerutscht. Nun, ich muss ohnehin zurück ins Gehege." Die Professorin wandte sich zum Gehen. „Wenn ich die anderen Gibbons nicht auch noch kraule, sind sie drei Tage lang beleidigt."

„Soll ich inzwischen die Polizei rufen?", bot Doktor Hansen an. Frau Melzer überlegte kurz. „Das erledige ich nachher selbst." In diesem Moment fiepte Schumacher leise in Lenas Tasche.

„Wen hast du denn da bei dir?", erkundigte sich die Professorin sofort. Lena zeigte ihr die Maus.

„Ah, das ist ein kleiner Krieger", stellte Frau Melzer fest.

„Hä?", machte Leon. „Schumi ist Detektiv, genau wie wir."

„Zuallererst ist er eine mongolische Rennmaus, Bruderherz." Lena rollte genervt mit den Augen. „Die zoologische Bezeichnung ist *Meriones*. Das ist griechisch und bedeutet Krieger."

„Du weißt gut Bescheid", lobte Frau Melzer. „Da wundert es mich, dass dein Tier allein ist. Mäuse brauchen Gesellschaft."

„Schumi hatte ja mal ein Weibchen." Lena seufzte. „Aber das ist gestorben. Und jedes neue Weibchen, das ich zu ihm setze, beißt er fürchterlich." Die Maus schmiegte sich in Lenas Hand.

„Aber dich mag er", stellte die Professorin fest. „Das ist schön." Sie blickte zu den Gibbons, die auf sie zu warten schienen. „Ja, und ich komme zu euch. Was wollte ich noch mal? Ach, die Schlüssel holen. Oh, wo sind sie denn jetzt schon wieder?"

Wo war der Schlüssel diesmal?

6. GEWAGTE SPRÜNGE

Die Piranha-Piraten lachten, denn ein kleiner Gibbon hatte sich die Schlüssel geschnappt und sprang damit im Gehege von Seil zu Seil, als wäre er auf der Flucht.

„Du Halunke", drohte ihm die Professorin gespielt. „Warte, dich erwische ich." Sie drehte sich noch einmal zu den Detektiven um. „Und euch wünsche ich noch viel Spaß im Zoo. Tschüss."

„Tja, das war's dann", meinte auch Doktor Hansen, als Frau Melzer gegangen war. „Ihr habt es gehört, um alles Weitere wird sich die Polizei kümmern." Er guckte auf seine Uhr. „Und ich muss mich verabschieden, Kinder. Die Pelikane müssen geimpft werden. Susan kann euch ja morgen in der Schule erzählen, wie die Sache mit der Chronik ausging."

Der Tierarzt entfernte sich und Lena schaute ihm verdutzt hinterher. „Nett ist er ja", murmelte sie, „aber von den Piranha-Piraten hat er keine Ahnung. Wir lassen doch jetzt nicht locker."

„Die gefälschte Chronik ist ein cooler Fall für uns", meinte auch Till. „Ist euch übrigens aufgefallen, dass die Professorin gar nicht überrascht war, als sie von der Fälschung erfuhr?"

„Ja", sagten die Zwillinge wie aus einem Mund.

„So, als ob sie schon davon gewusst hätte", ergänzte Leon. „Aber dafür bräuchten wir Beweise."

Nachdenklich schlenderten die Detektive über das weitläufige Gelände – und plötzlich hellte sich Lenas Miene auf.

„Ich weiß, wo wir nach Beweisen suchen können", meinte sie.

Was hatte Lena entdeckt?

7. AUF DEN ZWEITEN BLICK

Lena führte die Jungs zu einem alten Backsteinhaus, das sie in einer Ecke des Zoos entdeckt hatte.

„Melzer" stand auf dem Klingelschild.

„Sehr praktisch, dass die Professorin so vergesslich ist", meinte Leon, als er das Haus näher unter die Lupe nahm. „Sie hat oben zwei Fenster offen gelassen."

„Da einzusteigen ist aber Hausfriedensbruch", gab Till zu bedenken. „Haben sie erst neulich wieder in einem Krimi gesagt. Und wie kommen wir überhaupt zu den Fenstern rauf?"

Leon überlegte. „Also, wenn wir über das Rankgitter klettern –"

„Ich geh einfach da rein", unterbrach Lena ihren Bruder spöttisch grinsend – und deutete auf ein offenes Kellerfenster.

Schnell vergewisserten sich die Piranha-Piraten, dass sie nicht beobachtet wurden, und stiegen in den Keller ein.

„Wow!", flüsterte Lena, nachdem sich ihre Augen an das dämmerige Licht gewöhnt hatten. „Hier steht ja alles voller Präparate!"

„Voller Präpa... was?", raunte Leon zurück. „Ich seh bloß ausgestopfte Tiere. Echt unheimlich sind die. Schaut mal, wie fies mich das Eichhörnchen anglotzt."

Sie schlichen weiter durch den Keller, bogen um eine Ecke und stießen beinahe gegen einen gewaltigen Braunbären.

Till lachte leise. „Treffer. Und ich seh noch was Interessantes. Hat aber nix mit dem ganzen Tierkram hier zu tun."

Was war Till aufgefallen?

8. DAS ZAHLENSCHLOSS

Till schob einen Stapel Kartons zur Seite, hinter denen er einen Tresor entdeckt hatte. „Was da wohl drin ist?"

„Hm, vielleicht die echte Chronik." Lena musste an das Gespräch mit der Professorin denken. „Erinnert ihr euch, wie komisch Frau Melzer kicherte, als sie sagte, dass sie das Buch immer gut weggeschlossen hat?"

Till pfiff durch die Zähne. „Stimmt. Sie hat das Ding sogar eine Kostbarkeit genannt. Und so was steckt man in einen Safe ..."

„Der Kasten hat ein dreistelliges Zahlenschloss", stellte Leon fest.

„Da gibt es wahnsinnig viele Möglichkeiten für die richtige Kombination. Besser, wir schauen uns oben nach Hinweisen um." Er grinste. „Bestimmt hat die Professorin die Zahlen irgendwo aufgeschrieben, damit sie sie nicht vergisst."

Sie fanden die Treppe ins Erdgeschoss, hatten Glück, dass die Kellertür nicht verschlossen war, und schlichen den Flur entlang. Begeistert betrachtete Lena die Tierfotos an den Wänden, die Frau Melzer wohl selbst gemacht hatte. „Wenn ich später nicht als Detektivin arbeite, werde ich so was wie die Professorin. Ich lebe im Zoo, schieße Bilder auf Safaris ..."

Sie hatten das Arbeitszimmer erreicht.

„Mann, sind das viele Bücher!", platzte es aus Till heraus, als er die vollen Regale sah. „Ob da auch Krimis dabei sind?"

„Ich glaube nicht", murmelte Leon und blickte sich um. „In den meisten geht's um Biologie und so. Aber etwas ist merkwürdig."

Was hatte Leon bemerkt?

9. DAS SELBSTGESPRÄCH

Er zeigte auf eine Buchreihe im Regal am Fenster. „In allen anderen Regalen sind die Wälzer ordentlich der Größe nach aufgestellt. Nur die Bände hier stehen wild durcheinander."

„Hm, du hast recht." Till legte den Kopf schief. „Warum die Professorin das wohl gemacht hat?"

In diesem Augenblick hörten die Piranha-Piraten, dass jemand von außen einen Schlüssel in das Schloss der Haustür schob.

„Mist, sie kommt!", raunte Lena hektisch. „Schnell, verstecken! Und keinen Mucks. Du auch nicht, Schumi, hörst du?"

„Um Schumi mach ich mir keine Sorgen", flüsterte Leon, als er gleich darauf dicht neben Till hinter einem Sessel kauerte. „Aber vielleicht hat sie die Tiere im Keller ja alle selbst geschossen und macht jetzt mit mir dasselbe ..."

Er verstummte, denn die Professorin betrat das Haus.

„Oh, warum bin ich nur so eine schreckliche Büchernärrin!", hörten die Detektive sie auf dem Weg ins Arbeitszimmer vor sich hin jammern. „Wenn herauskommt, dass ich hinter der gefälschten Chronik stecke! Das darf auf keinen Fall passieren!" Die Professorin seufzte. „Ich muss das Original wieder zurück in die Vitrine schmuggeln, bevor ich die Polizei anrufe. Dann glauben vielleicht alle, dass sich diese Kinder und Hansen geirrt haben."

Das Telefon klingelte und die Professorin griff zum Hörer. „Ja, was gibt's?", erkundigte sie sich. Neugierig lugte Till hinter dem Sessel hervor – und sah, mit wem Frau Melzer sprach.

Wer hatte angerufen?

10. GENAU HINGESEHEN

Auf dem Display der Festnetzstation leuchtete der Name Dr. Hansen auf.

„Wie bitte? Was haben Sie getan?!", rief die Professorin im nächsten Moment fassungslos in den Hörer hinein. „Sie haben die Polizei verständigt? Ja, aber das wollte ich doch machen!" Dann war es kurz still. „Nein, ich hätte es nicht vergessen!" Wieder lauschte Frau Melzer. „Und die Polizei ist sogar schon da?" Ihre Stimme klang mit einem Mal ganz zittrig. „Gut ... ich ... ich komme zum Eingang."

Tief seufzend drückte die Professorin die Aus-Taste. „Zu spät", murmelte sie bestürzt. „Jetzt kommt alles raus. Diese Schande überlebe ich nicht." Sie schlurfte langsam aus dem Zimmer und zog die Haustür hinter sich zu.

„Puh." Till kroch mit den anderen hinter den Sesseln hervor. „Das war knapp."

„Aber sehr interessant", meinte Lena. „Die Professorin hat die Chronik fälschen lassen, weil sie ein Fan von alten Büchern ist. Jetzt bin ich mir sicher, dass die echte unten im Tresor liegt ..."

„... für den uns noch immer der dreistellige Zahlencode fehlt", erinnerte Leon seine Schwester.

„Mir geht diese komische Buchreihe nicht aus dem Kopf", meinte Till. „Die muss etwas zu bedeuten haben." Er eilte zum Regal am Fenster zurück, betrachtete nachdenklich die Buchrücken – und pfiff durch die Zähne. „Treffer! Ich hab's!"

Was war Till aufgefallen?

11. HINTER GITTERN

Sofort kamen auch die Zwillinge angelaufen.

„Die Professorin merkt sich durch den Buchsalat eine Geheimnummer", erklärte Till grinsend. „Die Rücken sind so aufgereiht, dass die ersten Buchstaben der Autorennamen die Zahlen ergeben. Sie lauten neun, drei und acht."

„Du bist genial, Till!", staunte Lena. „Das wäre mir nie aufgefallen." Sie schaute die Jungs unternehmungslustig an. „Und jetzt? Wollen wir runter in den Keller und den Safe öffnen, um die Chronik zu holen?"

„Lieber nicht", meinte Leon. „Das sollten wir Henning machen lassen. Du hast ja gehört, dass die Polizei schon da ist."

Till nickte. „Ist wirklich besser, wenn wir hier verduften. Von wegen Hausfriedensbruch und so. Lasst uns vor zum Eingang gehen." Die Detektive flitzten in den Keller zurück und kletterten durch das Fenster wieder ins Freie.

„Ich freu mich auf Hennings Gesicht, wenn er hört, dass wir den Fall schon gelöst haben", sagte Lena. „Was meint ihr? Ob Frau Melzer gleich ein Geständnis ablegt?"

„Ka...ka...kann sein", stotterte Leon plötzlich. „We...we...wenn sie noch dazu kommt." Seine Augen weiteten sich entsetzt. „Sie sitzt ja schon hinter Gittern! Und leider nicht allein!"

Wo war Frau Melzer?

ERPRESSUNG AUF DEM SCHULHOF
1. EIN FLIEGENDER GEGENSTAND

Der nächste Tag fing mit einer Überraschung an. Susan Hansen wartete im Schulhof auf die Piranha-Piraten und überreichte ihnen eine riesige Tafel Schokolade.

„Die ist von meinem Vater", Susan schmunzelte. „Als Nervennahrung wegen dem Schreck gestern, als ihr Frau Melzer im Tigerkäfig entdeckt habt."

„Für uns sah es echt so aus, als wäre sie im Käfig, um sich fressen zu lassen." Leon schauderte es noch immer. „Wir konnten ja nicht ahnen, dass sie sich nur von ihrem Lieblingstiger verabschieden wollte, weil sie dachte, sie muss gleich ins Gefängnis."

„Wenn mein Vater gewusst hätte, dass Frau Melzer hinter der Fälschung steckt, hätte er die Polizei gar nicht verständigt", meinte Susan. „Er wollte ihr mit dem Anruf ja sogar einen Gefallen tun."

„Und das ging nach hinten los." Lena verstaute die leckere Schokolade im Rucksack. „Denn so hatte die Professorin keine Zeit mehr, das echte Buch wieder in die Vitrine zu schmuggeln."

„Glaubt ihr, die Sache wäre auch aufgeflogen, wenn sich der Fälscher bei der Jahreszahl nicht vertan hätte?", fragte Susan.

„Keine Ahnung", murmelte Leon – und runzelte plötzlich die Stirn. „Aber hier fliegt was herum, das eigentlich nicht fliegen sollte."

Was hatte Leon beobachtet?

2. WIE VOM ERDBODEN VERSCHLUCKT

Er deutete in eine Ecke des Schulhofes. „So wie's aussieht, werfen sich da zwei Typen ein Smartphone zu."

„Das haben sie dem Kleinen mit der karierten Hose abgeknöpft", kombinierte Till. „Der hat nur noch ein Kabel mit Ohrstöpseln in der Hand."

Ein letztes Mal warfen sich die beiden Jugendlichen das Smartphone zu und verschwanden dann lachend vom Schulhof.

„Habt ihr die hier schon mal gesehen?", fragte Susan. Die Piranha-Piraten schüttelten die Köpfe.

„Ich hätte Lust, den Fieslingen zu folgen", sagte Lena, während es gerade zur ersten Stunde läutete. „Jetzt vor den Ferien haben wir doch sowieso kaum noch richtigen Unterricht."

„Besser, wir schwänzen nicht", meinte Leon. „Das gibt nur Ärger. Aber wir könnten den Kleinen fragen, was los war."

Die Piranha-Piraten schauten sich nach dem Jungen um. Doch er war bereits spurlos verschwunden …

Auch in den nächsten zwei Tagen blieb der Kleine wie vom Erdboden verschluckt. Und die beiden Jugendlichen tauchten ebenfalls nicht wieder auf. Schließlich kam der letzte Schultag und alle Kinder stürmten mit ihren Zeugnissen aus der Schule.

„Hurra, endlich Ferien!", rief Leon. „Da können wir –"

„He, da sind die Fieslinge wieder", unterbrach ihn Lena.

Wo standen die beiden Jugendlichen?

3. EINE FIESE SACHE

Draußen vor dem Schultor lungerten die beiden Jugendlichen bei den Fahrradständern herum.

„Die warten auf jemanden", murmelte Till.

In diesem Moment entdeckten die Detektive auch den Kleinen mit der karierten Hose. Ängstlich blickte er nach links und rechts, bevor er vom Schulhof lief. Doch die zwei Kerle hatten ihn längst gesehen und schlenderten hämisch grinsend auf ihn zu.

„Los, wir gehen unauffällig hinterher", raunte Lena aufgeregt. „Ich will hören, was da für eine fiese Sache läuft."

Die Piranha-Piraten erreichten die Gruppe gerade, als der Kleine den Jugendlichen zitternd sein Handy gab.

„Was soll das denn sein, du Zwerg? Das Teil ist ja gestreift wie 'n Zebra", knurrte der Dunkelhaarige. „Wer soll den Schrott kaufen?"

„Genau", brummte der Blonde. „Wir sind leider überhaupt nicht zufrieden mit dir. Und du weißt, was wir dann machen ..."

„Ich hab aber kein anderes Handy", jammerte der Kleine.

„Klappe!", zischte der Blonde. „Ich bin hier der Boss, klar?"

Lena hatte genug gehört. „Und wir sind die Piranha-Piraten!", rief sie und stellte sich vor den Kleinen. „Lasst ihn in Ruhe!"

„Verdammt! Die Bullen!", rief der Dunkelhaarige in diesem Augenblick.

Im Nu machten sich die Jugendlichen aus dem Staub – und auch der Kleine rannte weg.

Von wo tauchte die Polizei auf?

4. EIN EINGESCHÜCHTERTES OPFER

Henning bog mit dem Streifenwagen aus einer Seitengasse in die Schulstraße ein und hielt bei den Piranha-Piraten.

„Na, waren die Zeugnisse eurer Freunde schlechter, als die Polizei erlaubt?", scherzte er, nachdem er das Fenster heruntergelassen hatte. „Oder warum sind die drei so schnell abgehauen?"

„Das sind nicht unsere Freunde", stellte Lena klar und berichtete Henning, was eben geschehen war.

Je länger Henning zuhörte, desto ernster wurde seine Miene. „Der Kleine wird erpresst", meinte er schließlich. „Vermutlich drohen die Älteren damit, ihn zu verprügeln, wenn er nicht immer wieder Geld oder Wertsachen an sie liefert."

Leon legte den Kopf schief. „Aber warum ist er dann auch weggelaufen, als du gekommen bist?"

„Manchmal sind die Opfer so eingeschüchtert, dass sie sich nicht trauen, mit der Polizei zu sprechen", erklärte Henning. „Kennt ihr den Kleinen? Ich will ihm gerne helfen."

„Keine Ahnung, wie er heißt", sagte Lena. „Ist auch schwer rauszufinden. Jetzt sind Ferien. Da sehen wir ihn nicht mehr." Henning seufzte. „Dann können wir erst mal nichts tun. Ich muss jetzt auch weiter. Bin unterwegs zu *Mode Schmitz*. Der Hausdetektiv hat eine Diebin geschnappt."

Henning fuhr davon und die Piranha-Piraten machten sich zu Fuß auf den Heimweg.

„Halt! Da ist doch was, das uns weiterhilft!", rief Lena plötzlich.

Was hatte Lena entdeckt?

5. IM MERIANWEG

In einer Pfütze lag ein Brief.

„Der hat bei dem Kleinen vorhin aus dem Ranzen rausgeschaut." Lena hob den Brief mit spitzen Fingern auf. „An die Elternsprecherin Katja Kehl, Merianweg 7, Bad Seestedt", konnte sie durch das Umschlagfenster lesen. Sie schaute die Jungen an. „Das ist bestimmt seine Mutter. Los, da gehen wir hin."

„Aber nicht gleich. Erst will ich zu Hause mein Zeugnis zeigen." Leon grinste breit. „Diesmal ist es ja besser als deins ..."

Zwei Stunden später klingelten die Detektive an einer Haustür im Merianweg. Sie hörten, wie sich von innen jemand anschlich und zögernd fragte: „Wer ist da?" Es war der Kleine.

„Wir sind's, die Piranha-Piraten", rief Lena. „Wir wollen mit dir über die Typen sprechen, die heute so gemein zu dir waren."

„Haut ab!", schrie da der Kleine. „Ich bin allein und darf gar nicht aufmachen!" Er begann leise zu schluchzen. „Und ... und überhaupt hab ich denen das Handy doch freiwillig gegeben."

„Erzähl keinen Quatsch", meinte Lena. „Wir wollen dir helfen." Da ging die Tür auf und der Kleine stand schniefend vor ihnen.

„Mir kann niemand helfen", sagte er.

„Vielleicht doch", antwortete Lena. „Wie heißt du eigentlich?"

„Paul", piepste der Kleine.

Leon runzelte die Stirn. „Du, Paul, haben die beiden Typen dich heute nach der Schule noch verhauen?", wollte er wissen.

Was war Leon aufgefallen?

6. EIN GEFILMTER DIEBSTAHL

„Die blauen Flecken am Arm hattest du am Vormittag nicht."
„Nein." Paul wurde rot. „Ähm ... da bin ich blöd gefallen."
„Ach ja?" Till legte ihm den Arm um die Schultern. „Komm, wir setzen uns hier auf die Treppe", schlug er vor. „Und dann sagst du uns lieber, was wirklich passiert ist und wer die Kerle sind."
„Keine Ahnung, wer die sind", begann Paul – und erzählte schluchzend, wie alles angefangen hatte: Dass die Jugendlichen ihn vor zwei Wochen nach der Schule angepöbelt hatten. Und gedroht hatten, ihn zu verprügeln, wenn er nicht in der Stadt etwas für sie stehlen würde. Dann hatten sie seine Tat mit dem Handy gefilmt. Und nun erpressten sie ihn damit, den Film ins Internet zu stellen, wenn er nicht ständig neue Sachen lieferte.
„Aber im Laden hab ich nicht wieder geklaut!" Paul wischte sich die Nase ab. „Ehrlich. Das Smartphone hab ich meinem Papa aus der Jacke genommen. Der denkt jetzt, er hätte es verloren. Dann hab ich zwei Tage die Schule geschwänzt. Aber für mein Zeugnis musste ich heute ja wieder hin. Da hab ich das Zebra-Handy von meiner Schwester mitgenommen."
„Und du weißt echt nicht, wer die Typen sind?", fragte Leon.
Paul schüttelte den Kopf. „Ich hab aber gehört, dass sie sich heute um vier Uhr am Neptun-Brunnen treffen wollen."
„Sehr gut!" Lena schaute auf ihre Uhr. „Nichts wie hin ..."
Als die Piranha-Piraten wenig später am Brunnen ankamen, war dort viel los. Doch Lena entdeckte die Erpresser sofort.

Von wo kamen die Erpresser?

7. VERWINKELTE RÄUME

Von links und von rechts schlängelten sich die beiden Jugendlichen auf Skateboards durch die Menschenmenge hindurch zum Brunnen und begrüßten sich lässig. Dann gingen sie zusammen zum *Kaufhaus Marschner* hinüber.

„Wollen wir hier warten, bis sie wieder rauskommen? Und dabei was essen?", schlug Leon vor. Er schaute sehnsüchtig zu einer Eisdiele hinüber. „*Marschner* hat ja nur den einen Eingang."

Lena schüttelte den Kopf. „Ich will sehen, was die Typen da drin treiben. Bestimmt nichts Gutes, das sagt mir mein Gefühl."

„Aber Leon sollte echt draußen bleiben und den Eingang überwachen", meinte Till. „Bei *Marschner* ist alles ziemlich verwinkelt. Wenn wir die Kerle da aus den Augen verlieren, kann Leon sie von hier aus alleine verfolgen."

„Stimmt auch wieder", murmelte Lena. „Okay, dann bis nachher. Aber lass die beiden nicht entkommen, klar?"

„Klar, Boss", antwortete Leon mit einer leichten Verbeugung. Lena streckte ihm die Zunge raus und machte sich mit Till auf den Weg zu *Marschner*.

Das Kaufhaus war innen tatsächlich schwer zu überblicken. Überall versperrten Säulen und Trennwände die Sicht. Rasch liefen Lena und Till durch die Abteilungen und sahen sich suchend nach allen Seiten um.

Endlich hatte Till Erfolg. „Treffer. Da sind sie!", raunte er.

Wo steckten die Erpresser?

In der
Umkleidekabine

8. NOCH EINE ERPRESSUNG?

„Zwischen den Regalen in der Jeansabteilung!", sagte Till.

In diesem Augenblick drehte der Dunkelhaarige seinen Kopf in ihre Richtung – und die Detektive suchten blitzschnell hinter einer Säule Deckung.

„Mist", flüsterte Lena. „Ob er uns gesehen hat?"

„Glaub nicht." Till spähte vorsichtig hinter der Säule hervor und prüfte die Lage. „Nee, ganz sicher nicht. Die beiden lungern da immer noch rum und schauen sich Klamotten an", berichtete er.

„Ist ja echt spannend", meinte Lena enttäuscht. Sie beugte sich ebenfalls vor, um die Jugendlichen zu beobachten.

„Was hast du denn gedacht, was die hier machen?", fragte Till. „Ein neues Opfer filmen, das für sie klaut?"

„Ja, so was in der Art", sagte Lena leise. „Könnte doch sein, dass die beiden nicht nur Paul erpressen, sondern auch noch andere Kinder, um an Geld zu kommen."

Till nickte. „Jedenfalls scheinen die Typen genug Kohle zu haben, um sich jede Menge Klamotten kaufen zu können. Echt krass, was die beiden alles anprobieren wollen."

Die Jugendlichen verschwanden schwer beladen in zwei Umkleidekabinen. Das Warten kam Lena und Till ewig vor. Endlich öffneten sich die Vorhänge und die Erpresser hängten alle Jeans und Hemden wieder auf die Ständer zurück.

„Scheint ihnen aber nichts gefallen zu haben", murmelte Till.

„O doch, denen hat was gefallen!" Lena riss die Augen auf.

Was war Lena aufgefallen?

9. GESICHERTE WARE

„Die lassen nicht nur klauen, die klauen auch selbst!", stellte Lena fest. „Unter den Pullis schauen Hemden raus. Da hängen noch die Etiketten dran."

Die Diebe hatten anscheinend keine Eile, das Kaufhaus zu verlassen, sondern schlenderten weiter herum.

Till pfiff durch die Zähne. „Jetzt bin ich gespannt, wie sie durch den Ausgang kommen wollen. An den Kleidungstücken sind doch immer Sicherungen dran. Die lösen sofort Alarm aus."

„Du meinst diese komischen weißen Plastikdinger." Lena kicherte. „Als ich neulich mit meiner Mutter hier war, haben sie an der Kasse vergessen, das Teil bei dem Rock abzumachen, den meine Mutter gekauft hat. Das hat vielleicht losgeheult, als wir gehen wollten!"

„Und was ist dann passiert?", wollte Till wissen, während sich die Jugendlichen für T-Shirts mit Manga-Aufdruck interessierten.

„Dann kam der Kaufhausdetektiv angelaufen", erzählte Lena. „Der war aber ganz nett. Meine Mutter konnte ihm mit dem Kassenbon ja beweisen, dass sie den Rock bezahlt hatte."

Die Jugendlichen schlenderten zur Sportabteilung weiter und ließen dort Stirnbänder in ihren Jackentaschen verschwinden.

„Siehst du unseren Kollegen jetzt auch irgendwo?", fragte Till.

„Mir fallen nur zwei Kameras auf. Vielleicht sitzt er in seinem Büro und überwacht damit alles von dort."

Lena ließ ihren Adlerblick schweifen. „Nee, da hinten ist er."

Wo befand sich der Kaufhausdetektiv?

10. EIN DICKER KOLLEGE

Lena kicherte wieder. „Er sitzt bei den Umkleidekabinen und versteckt sich hinter 'ner Zeitung. Ich seh die beiden kleinen Löcher für die Augen."

„Der Dicke da ist der Kaufhausdetektiv?", staunte Till. „Also, wenn unsere beiden Diebe den auch gesehen haben, weiß ich, was die gleich machen: Die gehen ganz normal zum Ausgang. Und wenn der Alarm losheult, rennen sie raus. Da muss der Dicke schon echt fit sein, um hinterherzukommen."

„Ich ruf Henning an." Lena holte ihr Handy aus der Tasche. „Vielleicht ist er noch rechtzeitig da, um die Kerle zu verhaften."

Doch zu spät. Kaum hatte Lena mit Henning telefoniert, da faltete der Kaufhausdetektiv die Zeitung zusammen, erhob sich und ging schwerfällig auf die beiden Verdächtigen zu.

Der Blonde erkannte die Gefahr zuerst. Mit einem Pfiff warnte er den Dunkelhaarigen und beide rannten los. Gefolgt von Lena und Till – und dem schnaufenden Kaufhausdetektiv.

„Verdammt! Die entkommen uns!", rief Lena.

Denn schon erreichten die Jugendlichen den Ausgang, der Alarm gellte los. Doch da stand zum Glück Leon! Geschickt stellte er dem Blonden ein Bein. Im nächsten Moment stolperte der Dunkelhaarige über seinen Komplizen – und beide schlugen der Länge nach hin.

„He, super! Das Beweisstück für die Erpressung habt ihr auch gleich mitgebracht", meinte Leon trocken. „Wie nett von euch!"

Was hatte Leon entdeckt?

11. EIN GUTES ENDE

Am Abend hockten die Piranha-Piraten mit Henning und Knut Jensen an Deck der *Meeresperle* und schauten zu, wie die Sonne rund und rot im Meer versank.

„Um die Zeit bin ich am liebsten am Strand", brummte der alte Seebär zufrieden. „Dann ist alles so friedlich. Obwohl ...", er zupfte sich am Bart und lächelte die Piranha-Piraten an, „... obwohl ich mir bannig Sorgen mach, dass ihr gleich wieder 'nen neuen Fall entdeckt. Und dann ist's mit der Ruhe vorbei."

„Keine Panik. Für heute reicht es sogar uns, Herr Jensen." Lena gähnte und streichelte Schumachers weiches Fell. „Ich bin nur froh, dass Leon gesehen hat, wie den Typen das Zebra-Handy von Pauls Schwester aus der Tasche gerutscht ist."

„Ohne dieses Telefon wäre es viel schwieriger gewesen, die Erpressung nachzuweisen", stimmte ihr Henning zu. „Sonst hätte es ja nur eure Zeugenaussage gegeben. Und die Täter hätten alles abstreiten können. Aber auf dem Handy haben wir Pauls Fingerabdrücke gefunden. Es muss also von ihm kommen."

„Wird Paul jetzt eigentlich auch bestraft, Henning?", wollte Till wissen. „Weil er doch im Laden gestohlen hat?"

„Das würde uns echt leid für ihn tun", meinte Leon.

„Nein, Paul passiert nichts", antwortete Henning. „Er ist noch viel zu klein. Und außerdem wurde er zum Diebstahl gezwungen."

„Na, dann ist ja mal wieder alles gut ausgegangen", freute sich auch Knut Jensen. „Dank meiner Piranha-Piraten!"

Und zufrieden blinzelten sie alle in die letzten Sonnenstrahlen.

NOCH MEHR SPANNENDE DETEKTIV-FÄLLE!

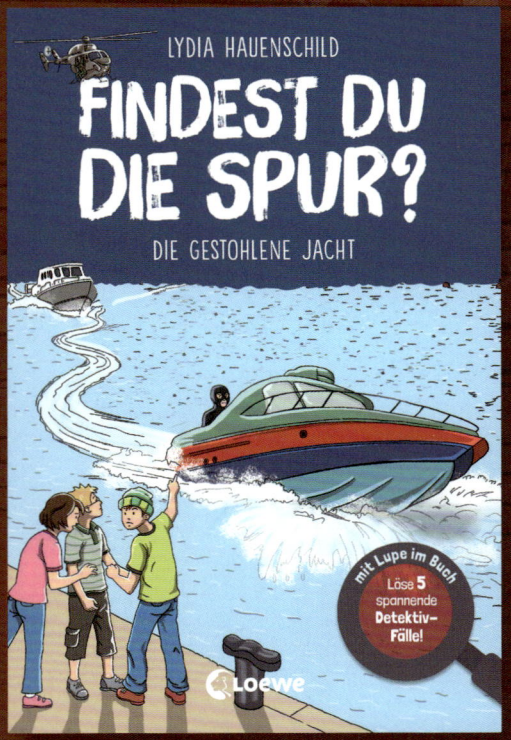

978-3-7432-1339-5

Genau vor den Augen von Lena, Leon und Till wird mitten im Hafen eine teure Jacht gestohlen. Klar, dass sie voll in ihrem Element sind und den Täter fassen wollen! Doch kurz nachdem das geschafft ist, stolpern sie auch schon über den nächsten Fall: Ein großer Haufen Müll wurde in den Dünen abgeladen ... Werden die Detektive das Müllmonster entlarven?